AF599917

PEDRO MORAELCHE

DESANDARES

PEDRO MORAELCHE

DESANDARES

Prólogo
Beatriz Olivenza

HUERGA & FIERRO editores

Diseño de Colección: Huerga y Fierro

Primera edición: 2025

C/Sebastián Herrera, 9
28012 Madrid-España
Telf.: 91 467 63 61
www.huergayfierro.com
huerga@huergayfierro.com

I.S.B.N.: 979-13-990189-4-3
Depósito Legal: M-9043-2025
Impreso en Romadac Industria del Libro
Impreso en España/Printed and made in Spain

Prólogo

Querida lectora, querido lector:

Si no te has tomado la comprensible licencia de saltarte este prólogo, te encuentras ahora mismo pisando un espacio de incertidumbre, el que precede al acto siempre algo osado de ingresar en una casa ajena. No sabes lo que te espera dentro: un espejo en el que mirarte o un retrato que no querrás ver, el eco de voces que te conforten, palabras en un idioma que desconoces o un silencio helado que te deje a solas y tiritando en mitad de un pasillo. Como ya he atravesado este umbral en el que te has detenido (en realidad, lo he cruzado varias veces: privilegios de la amistad), tal vez pueda servirte de guía.

Desandares *es un edificio construido con materiales vivos y emocionantes, los que el poeta ha ido salvando del olvido, recopilando en sus vagabundeos por la ciudad y recogiendo de la orilla adonde los ha arrastrado, con ímpetu desbordante, el torrente de la pasión amorosa. Pedro Moraelche erige con ellos una construcción llena de rincones y vericuetos, de sótanos «con desechos guardados / donde nunca debimos bajar», de «puertas de llaves perdidas» que consigue abrir con la fuerza y la precisión de su palabra. Estos materiales, destinados a perderse en el pasado, a pasar inadvertidos a ojos de viandantes apresurados o a hundirse en el torbellino de los naufragios amorosos, son recuperados para levantar una casa dispuesta a acogernos y a brindarnos abrigo de las intemperies del espíritu. Tal vez tú consigas en ese viaje sin mapas encontrar, como dice el poeta, «la entrada secreta del paraíso».*

Pero si quizá el recelo hacia la poesía, o quién sabe si un atisbo de timidez, te tienen aún dudando, reticente a dar el primer paso, te lanzaré, a guisa de señuelo, un poema de sugerente brevedad, uno de los muchos que te aguardan al otro lado del umbral:

Y algunos caminos,
cansados de tanta indecisión,
salen, de no se sabe dónde,
a escoger nuestros pasos.

Espero, audaz caminante, que los senderos que surcan estos desandares *salgan de la misma forma a tu encuentro. Feliz viaje.*

Beatriz Olivenza

DESANDARES

Nota del autor

¿Por qué, tras tantos años alejado del mundo literario, que no de la literatura, este autor ya maduro se asoma de nuevo al océano de la publicación? ¿No tenía nada que decir antes? ¿Tanto tiene que decir ahora? ¿Es ahora, reposada ya buena parte de la vida y sus emociones, cuando la palabra fluye precisa y de manantial sereno machadiano? ¿O es ahora, en pleno empuje de otra etapa vital, cuando finalmente se desborda cansada de esperar, harta de vivir encerrada en carpetas reales o virtuales? Me temo que ni él mismo lo sabe. El caso es que por algún sitio había que empezar, y se ha hecho recopilando lo más reciente, poemas de unos años a esta parte, y seleccionando aquellos que tuvieran cierta unidad temática o estilística. Quedan más como esos, y otros más reflexivos o retóricos quizá, y también los más rebeldes y sociales. Tiempo al tiempo. Desembalsados estos, los demás aguardarán con un poco más de paciencia su turno, si es que el discurrir de los primeros permite un buen augurio.

Así que allá van mis cartas, dispuestas a la jugada. Ojalá que el momento escogido valga la pena y el encuentro que les espera sea propicio.

Quede mi agradecimiento a Huerga y Fierro Editores por esta oportunidad y la confianza que han puesto en el proyecto, así como a Beatriz Olivenza, gran novelista, profesora y amiga, por su asesoramiento y corrección en la preparación del libro, además de su prólogo. Y gracias también a Mercedes del Olmo, compañera infatigable en tantas y difíciles lides, por el ánimo y la energía que siempre ha aportado para rescatarme del silencio.

Y se abrió mi corazón
como una flor bajo el cielo,
los pétalos de lujuria
y los estambres de sueño.

Federico García Lorca

Los que vuelven a encontrarse de vuelta
consigo mismos de ida,

los que se quedan a medio camino
adormecidos en la hierba fresca,

los que tropiezan una y otra vez
en la misma encrucijada,

los que buscan cualquier agua que mane
confundidos por la sed,

los que alcanzaron a entender los nombres
de cosas que no tienen sentido,

los que regresan lentos y cabizbajos
añorando las caricias perdidas,

los que buscan el rodeo de la memoria,
los que buscan al atajo del olvido,

los caminos que vuelven
a los caminos sin vuelta,

los andares que se fueron
son los desandares que retornan,

los desandares,
las palabras que quedan en el cuerpo
y no alcanzan la lengua.

Secreter

Ese cajón bajo llave, lleno de apuntes despistados, o tal vez, esos encuentros que no se atrevieron a caminar.

Yo nací cuando la poesía
era novísima,
llena de música brillante
y una extraña imaginación.
Yo entonces no sabía,
en mi barrio tan sucio de barro
y de agrios gritos en casa,
que yo siempre sería antiguo,
con el desprecio vigilante,
con el sueño acuciado
de una lucha perdida,
con hambre de palabras claras
que me explicasen qué demonios
estaba pasando,
que tocaran las cuerdas
de algún arpa olvidada,
que me abrieran un cauce
para el agua corriente y turbia
contenida en la presa
de mi boca,
siempre repentina, siempre ignota,
siempre fluyendo desbordada.

No llega el tiempo a su hora,
a esta urdimbre de duda y esperanza,
al andén de estas vías oxidadas
donde ya no se sabe qué pasó
ni si algún día volverá a pasar.

* * *

Miro los brillantes puntos del cielo
que miraban los que ya murieron,
y pienso en el punto que sería yo
si me acercara, y en el segundo
que duraría todo mi tiempo
tan complicado.

Planté una semilla
y me quedé esperando,
y esperé mucho, ajeno
a todos los errores
que germinaban.

* * *

Y el maestro me contó
su historia:
Durante veinte años cayó
la lluvia sobre el mármol.
(Alguna rendija
encontraría).

Aurea mediocritas

Siempre queda preguntarse por qué,
pudiendo enmarcar el título
o reunirse con ilustres conocidos,
pudiendo dedicarse a ingeniero
o a artista especialmente sensible,
haya algunos que solo quieren
bajar a la mina
y mancharse las manos,
como si la oscuridad fuese
la mejor compañera
y el silencio el único himno
que suena sincero en su alabanza.

Profesor

Hay quien busca un legado de miles de palabras,
una biografía, un estudio, una imagen,
una vida que sobreviva desesperada
a la diminuta indiferencia.
Mientras los años cargan su vacío,
yo he dejado un legado en mil recuerdos
que lentamente se extinguen,
en mil enseñanzas que apenas dejaron
amargo o dulce poso en la memoria,
en mil semillas que nadie recordará
cuando se mire la magia del bosque.

Viejas fotografías

Da igual lo que fueran,
quiénes fueran
y por qué estaban ahí.
Son parte de un paisaje inmortal,
de un sueño en blanco y negro.

Consuela pensar que al menos
formamos parte de un sueño en color
y altamente definido.

In ictu oculi

Sí, nos habían advertido
de mil tópicos y maneras
que el tiempo nada perdona.
Y el caso es que no hacía falta
saber tanto latín
para mirarse al espejo.

* * *

Y hay quien derrama palabras
en un manantial
que a beberlo llama.
Y hay quien muere con
el mudo testimonio
del lecho seco que guarda
su agua oscura.

Mi piel, la otra,
la que no se ve,
la de mármol antiguo
y pulimento inacabable,
la de cristales rotos
como múltiples espejos,
la de afilados arañazos
de uñas pasajeras,
la de hierro áspero
forjado para el mundo.
Esa otra piel mía,
dura y gris, surcada y fría
que tanto desea ser la seda
que envuelva una noche en paz.

Lo disfrazaron de niño alado y caprichoso.
Lo creyeron la simiente que imaginó el mundo.
Lo vistieron con los cuatro elementos
del deseo y la vida, de la muerte y el olvido.
Lo aprisionaron con anillos, firmas, promesas y dioses.
Lo persiguieron con el miedo, la culpa y la vergüenza,
y levantaron una cárcel para guardarlo.
Lo exhibieron con versos y colores más o menos cursis
que cubrían con pudor la inquietante entrepierna.
Lo imaginaron en las historias que nunca sucedieron,
en las que sucedieron y en las que no podían suceder.
Da igual lo que hagamos con él.
En cuanto nos demos la vuelta,
ese intruso volverá sin pedir permiso,
sin maldad ni conciencia, volverá
para sobrevivirnos y sobrevivir
en cualquier cuerpo
hasta que ya no haya nada que esperar.

Redes

No estabas.
Solo tu nombre, una palabra
más entre todos los nombres.

No estabas.
Solo tu rostro, unos ojos
más entre todos los rostros.

No estabas.
Solo tus muros, un espacio
más entre todos los muros.

Y de pronto estabas.
Solo nuestros pasos, pero algo
más entre todos los pasos.

Ese encuentro en ninguna parte,
donde está
todo lo que quiere alcanzarse.

Hablaba mucho,
decía, volaba, rodeaba
cosas interesantes,
y algunas veces hasta
me gustaba leerlas,
pero tú no buscabas ese gusto,
buscabas tocar
la letra hecha piel
o sangre, o salmo, o lágrima,
y no volví a saber de ti,
la única mano
que me enseñó el camino.

Museo de las Relaciones Rotas

Cuando estuvo ella
pensaba que ella lo era todo.

Cuando estuviste tú
pensaba que tú lo eras todo.

Ahora que estoy solo,
solo pienso en lo grande que es el mundo
que no veía.

Tálamo

Y en aquel cementerio no había
ni tierra humilde ni cruz piadosa,
ni letras dolidas ni flores resecas,
había una sábana clara y limpia
de olor impoluto y tacto frío, donde
nada quedaba ya para enterrar.

Sinestesia

La soledad,
esa vista silenciosa,
ese silencio contemplado,
ese pensamiento que dulce nos lleva
a la amarga palabra encerrada,
esa fría arena que se palpa melancólica
cuando no se halla una piel caliente,
ese paisaje inmenso que se respira
sin un aliento que nos ate a la esperanza.

* * *

No necesitar amor
y oír al corazón
su pulso.
Acaso sea el triunfo
de la razón
o la más dura lección
de anatomía.

Después de tantos años,
cuando volví a verte descubrí
que te habías dado mucha más prisa
en envejecer
que yo por moverme de ese tiempo
en que envejecía.

* * *

Y ese amor que se arrepiente
de marcharse
cuando recuerda esa foto con aquel gesto
que ya nunca volveremos a encontrar.

Entraste donde nadie sabía,
abriste cada ventana
como nadie quiso hacerlo
y te quedaste
esperando
hasta que una brisa fresca
de viejas fotos olvidadas
volvió a casa.

Y no hace falta decir grandes cosas
ni muchas, para acertar
con todo lo que has conseguido
del modo más sabio y simple,
abrir esas puertas de llaves perdidas,
cuidar esas plantas que se estaban secando
o preparar algún dulce sin fiesta,
solo por celebrar que hoy es distinto de ayer
y que hemos podido conocerlo.

A veces hay que sonreír
ante la poca importancia de todo
y no se necesita siquiera explicar
que esto no debería estar pasando
o que debería pasar de otro modo,
o que nada llega sin motivo y pasa
lo que sencillamente tenía que pasar,
que el amor ha vuelto al significado
donde realmente significa todo,
en esas cosas sencillas y sublimes
que alivian las heridas que cada uno
sabe y siente, y por eso se enamora
sin remedio
y sin ganas de curarse.

Siempre esperamos que nos traigan
algo grande,
el amor que soñamos,
la vida que pensamos,
el placer que imaginamos,
y tú sólo viniste
contigo misma,
con tu pequeña vida
y una habilidad insospechada
de hacer realidad
lo que nunca fue.

* * *

Y cuando venías a que te rescatara de tu barco
me rescataste tú de mi naufragio,
y así quedamos los dos agradecidos
entre la confusión del mar.

Cuando mirábamos la misma constelación,
cuando esperábamos el mismo mito,
cuando escuchábamos la misma música,
cuando soñábamos el mismo viaje
o al menos pensábamos el mismo destino,
algo quedaba claro
entre tu cárcel y mi libertad,
entre tu tiempo perdido
y mi llegada a destiempo,
sólo nos estábamos esperando.

* * *

Por ti la espera que nadie espera,
por ti el encuentro que nadie encuentra,
Por ti este tesoro sin mapa
con el que se compra extraviado
la entrada secreta del paraíso.

En este cuarto alquilado,
donde besa el sol a la tarde
y hablan idiotas en la televisión,
tú escribes.

No sé qué mundos luchan
por acertar con su palabra,
no sé qué mundo espera esas palabras
que gotean en el papel.
No sé qué mundo es el mío.
Tú escribes.

Y de pronto,
en la calma conocida de estas paredes
ajenas,
abres una nueva ventana
para que yo mire otro mundo,
ese que nadie había mirado
para ser ofrecido de nuevo.

Escribes,
y la mariposa vuelve a su viejo jardín
para libar otros ojos sedientos.

Cuando vengas a mi casa
no te dejes nada por el camino.
Trae todo lo que llevas dentro.
Ya le encontraremos acomodo.

Cuando vengas, tráete las lágrimas
si estás triste, tráete la aventura
si has soñado, tráete un buen vino
para hablar de lo rápida que fue la tarde.

Cuando vengas, no me pongas un espejo,
no te gastes demasiado en ropa,
trae mejor los ojos deseosos
de parar el tiempo en un lugar posible.

Cuando vengas, ven con quien quieras
y cuéntame lo que aún no he sabido.
Cuando vengas, no me digas si ha pasado mucho,
déjame que me sienta como si fuera ayer.

Cuando vengas, no pienses en qué me dirás.
Ya averiguaremos de qué humor estamos.
Tú ya sabes bien el camino.
Solamente dame un beso y entra.

Reloj

Este picoteo incesante,
que no advierte de su presencia,
que apenas se oye entre
el ruido,
y que no deja dormir
en el silencio;
este picoteo indiferente
de ese pájaro de mal agüero
que avisa, cada vez más cerca,
de la última parada.

Never more

Y todo ahora estaría
perfectamente
en su lugar, si no fuera
por ese cuervo duro
y repentino
al otro lado de mi espejo.

* * *

Y acaso sea que el miedo
haya abierto la puerta
de ese sótano
con desechos guardados
donde nunca debimos bajar.

Ilusión,
la palabra peligrosa,
el espejo brillante,
el color multiplicado,
el presagio del deseo,
la esperanza,
la trampa y el cebo
y el hambre,
el hambre siempre,
insaciable como la fe
que salta al vacío.

Qué triunfo
arrancarse la espina,
tomarse el antídoto,
curarse la hemorragia.
Qué triunfo
la cicatriz inservible,
el veneno insípido,
la sangre cuajada
y el trofeo miserable
de haber huido más rápido
donde ya nada tiene importancia.

Las cartas boca arriba,
el fin de una partida,
no la final, no la importante,
cualquiera de tantas
antes de cualquier noche.
Y toca saber quién gana,
y sale esa carta,
esa carta cualquiera,
la misma sospecha
boca arriba,
la misma carta
que a tanto aspiraba,
que acaso gane algo
alguna vez
a la curtida mueca
de la derrota
y al inerte deseo
de otra partida.

Un día me dormiré
definitivamente,
como todos los demás,
y por unas horas
me mirarán los que sueñan
con algo que debería ver
y que no podré ni soñar.

Por las calles

Y es la mirada ausente en un café cualquiera la que siempre une recuerdos y hallazgos, y son las mismas aceras tantas veces recorridas las que van llenando la cabeza de historias que acaso un día se cuenten.

Ubi sunt?

¿Dónde están?
No es pregunta retórica,
sé muy bien dónde están
las aceras que corría de niño,
las tiendas de viejos rótulos,
los balcones que pude alcanzar,
los parques de juegos y esperas,
los bares de humos prohibidos,
los cines de mágicas cavernas,
las puertas de aquellos colegios
de dulce papel ignorante.
Sé muy bien dónde están,
están donde siempre,
donde yo ya no estoy,
inmutables y desgastados,
o mutados en tantas cosas nuevas
que han perdido su sabor.

Adonde van tantos miles de pasos
con destinos que ni conozco ni sospecho,
allá van los míos confundidos,
con mi particular secreto,
con mi particular historia
que nadie conoce ni sospecha
y que a nadie importa,
que solo así queda a salvo
en esa tierra solitaria
del hombre que camina en silencio.

Y a veces no sé qué ponerme
de mi cohorte de máscaras,
si la grotesca o la elegante,
la dramática o la festiva,
la infantil, la misteriosa
o tal vez la transparente,
para dejar los ojos oscuros
escondidos y a salvo
en sus secretas fantasías
o verdades.

Al amanecer,
los solitarios,
los que buscan la brisa
y la luz sin más caricia
que no sentir
o no sentir más daño.

* * *

Correr, apresurarse,
ganarle al mundo una carrera diaria.
tantas veces llegar,
tantas veces sin aire,
sin pensar para qué correr mañana.

Aquí, en este banco
de la Quinta de los Molinos,
donde uno puede ser sabio
tan lejos y tan cerca
del mundanal ruido,
aquí donde los árboles se alzan
como arañazos en el cielo
indiferente,
donde siempre me paro a pensar
por qué no puedo pararme,
si no seguiré con quien sigo
o si haré lo que nunca hago,
aquí es donde me gustaría
recordarme
el día en que ya no importen
las preguntas.

Tormenta

Se abate la lluvia y
todos huyen.
Y todo se empapa
de una añoranza
que se creía seca.

* * *

En medio de este charco,
uno se da cuenta de que hoy
podría ser el último día
que calzara estos zapatos,
y esa habría sido
su única aventura.

Fue en el viejo rincón de una cafetería,
la tarde ya apurada como
el último café.
Una pareja miraba de reojo
esperando que nadie la mirara,
y entre susurros
se apretaban las manos,
y fue su triste sonrisa
la fuerza de una historia desconocida
que no encontró quien la contase.

En bicicleta, niño otra vez,
impaciente y ligero,
soportando el frío y el calor
o la tormentosa sorpresa,
la uña y la caricia
de esta ciudad que se ama
a pesar de todo.

* * *

Y no sé cuándo, creyéndome libre,
lo soy, si haciendo
estas cosas que a nadie importan,
o esas otras tan importantes
que hay que hacer
para creer en la libertad.

Cigüeñas

Las cigüeñas se han marchado.
No sabes dónde estarán, pero
¿sabes dónde estás tú?

* * *

¿Qué eres
sino la presencia
que ignoraba mi puerta
abierta, mi deseo?

¿Qué eres
sino la ausencia
que ignora mi tejado
vacío, mi desconsuelo?

Cita

Una copa caliente y sin prisa
en una terraza cualquiera,
un día gris y corriente
con gente apresurada,
y unas bocas que se encuentran
como explicación a tantas cosas
difíciles de explicar.
No hacen falta más lujos
para este momento sin precio.

* * *

Esperar...
Los amores siempre esperan,
si bien (a veces) con la molestia
del incógnito.

De la mano,
otra vez de la mano,
sin guiarla, sin seguirla,
sin asirla, sin soltarla,
sin advertirla
ni extrañarla,
otra vez de la mano
y sin darse cuenta el camino
se pasa.

Bares

El mecanismo es fácil.
Atiende un camarero
las veces que quieras,
las copas que pidas,
las agujas que olvidas,
sin que nada cambie
o pare.
Eres de repente
intensa inspiración,
promesa a desbordarse,
imagen conocida,
ganador de carreras.
Incluso puedes abrir,
sin prudencia,
eso que está encerrado
bajo siete llaves.
Y aunque después
la lógica se imponga,
el olvido se imponga,
la resaca se imponga,
a pesar de todo,
el sueño,
el sueño otra vez,
el sueño que no despierta.

Inspiraciones

Es un cuento muy antiguo.
Uno tiene razón,
uno lo ve todo claro,
quiere que todo el mundo
comparta el descubrimiento
o el chispazo ingenioso,
pero llega la mañana
y hay que ocupar tu sitio
entre tus iguales
o tus desiguales,
entre tus amigos
o tus enemigos,
y entonces
¿qué queda de tus palabras
sino una baldosa más
en la acera de la historia?

Primer beso

Fue en ese banco del Prado,
una fuente, tráfico, diez minutos,
un recuerdo más sobre su piedra
cargada de frío y siglos grises.
Fue ayer, hace cuarenta, dos años,
un minuto, en el mismo viento
y en la misma tarde,
el primer beso, tan torpe y genio,
ya borrado por otros muchos,
borrado por otros años
de historias infinitas
y por otros olvidos
que más vale no recordar,
pero en ese banco del Prado
un muchacho empezó su andanza
sin sospechar que volvería
al mismo banco, despojado
de todo, salvo del recuerdo,
una fuente, tráfico, diez minutos,
el beso,
ese beso cargado de frío
y de siglos grises.

Madrid

Esta ciudad donde es posible caminar hasta hartarse
dando pasos sin sentir o sintiendo cada paso,
donde es posible esconderse entre el ruido de fondo
y el trasiego de máscaras que acuden a sus calles;

esta ciudad que nunca deja de ofrecer una copa
o todo lo que precise una buena cartera,
donde es tan difícil encontrar lo necesario
en tanto escaparate protegido por seguridad;

esta ciudad donde se vuelve a las calles de niño
a recordar cosas imaginadas que no fueron,
lugares que fueron y ya ni se imaginan,
y que se dejaron algún día para no volver;

es la ciudad donde tuve la casa o la condena,
el abrigo o la intemperie, el presente o el futuro,
arrastrado por el maldito carrusel del tiempo
que no conoce más destino que el regreso.

Estampas amarillas

Hace ya tantos años que da miedo pensarlo,
ese café de Sol tenía otro nombre tropical,
y otros taburetes para girar en un tiovivo infantil,
y otros camareros por esa barra de tantas historias
larga y ordenada como un desfile.
Han cambiado mucho las cosas
desde que entrara aquel niño con su madre
pidiendo su sándwich y su inocente refresco
después de una pesada tarde de compras
que nunca acababa en juguetes.
Ese niño ya no pide nada inocente
y hace mucho que juega con otras cosas.
Pide una copa culpable tras otra
mientras piensa dónde quedaron esas tardes felices,
y dónde quedará esta pesada tarde de incertidumbres
para pagar las cuentas de las partidas que se pierden
y no volver a la casilla de salida,
aquel taburete de tiovivo infantil
donde un niño daba vueltas sin pensar
que volvería allí mismo dentro de tantos años
que daría miedo pensarlo.

Por la calle de Atocha, hacia casa
(como siempre), pasando sin pensar
por ese mismo suelo en que Bécquer
subía a su pobre pensión
cargando el futuro que no conocía,
por ese mismo suelo en que Cervantes
llevaba a la imprenta o venta
a su loco caballero de sueños,
me pregunto si no habré respirado
alguna vez, sin darme cuenta,
el viento de la locura
o el aire turbio del olvido;
si no habré seguido los pasos
de dulcineas y julias que se cruzaban
por ese mismo suelo,
tal vez en este mundo
o en el otro;
si no habré pasado tanto tiempo
en el juego de olvidar lo posible
y de querer lo imposible.

Iglesias

Sé bien que tendré el infierno de cualquier fe,
la llama que funda cualquier ley
creada para la armonía
o la obediencia a ciertos principios.
Sé bien que nada salvará lo que no quiere salvarse,
que nada mandará lo que no puede vencerse,
que nada guardará lo que anda perdiéndose.
Y sé bien que llevaré dentro
el castigo de mi propio destierro
junto al premio de mi propio camino,
donde nada es como se espera,
pero acaso sea un día
como se desea.

En esa encrucijada nos encontramos:
tú, con muchos menos años y muchas más palabras;
yo, con muchos años más de silencio.
Y eran nuestros fantasmas los mismos
y éramos personajes de la misma película
y buscábamos el mismo grial sin norte,
el final abierto a vivirlo una vez más.

Nos saludamos, hablamos de versos
y otras aventuras, y seguimos nuestra marcha,
tal vez con el consuelo de haberse conocido,
tal vez con el desconsuelo de desconocerse.

Y el vino que iba a beberse
con alegría
se bebió al fin amargo,
con un cuerpo madurado,
un poso agridulce
y un derroche solitario
que puso de manifiesto
la indudable solera
y el regusto persistente
del fracaso.

Torrentes

Y entre miles de latidos, los que se recuerdan de antaño, los que se imaginaron posibles, los que alimentaron o envenenaron el cuerpo, solo algunos estallaron en palabras.

Y te necesité
para que fluyera mi verso,
y te necesité
para que fluyera mi cuerpo,
y te necesité
para que fluyera mi vida.
Tanto te necesité,
y no eras la misma.

A ti, que no comprendes el artificio
de las palabras, y solo
te conmueves con ellas.
A ti, que me abandonas a la búsqueda
de lo que nunca rozó tu oído
o sorprendió a tus ojos.

A ti, que no naciste para abstractos
pedestales de rosas,
pero dejas vibrando en las manos
el miedo de encontrarlas desasidas.

A ti, que rimas
lo posible con lo imposible
mientras escuchas el ritmo
de mi corazón perdido.

A ti, y solo a ti, he dejado
el secreto de mi vida
escrito en los labios.

A ti, que sin palabras
me has dado todos los sentidos.

En esas noches que te han visto
por vez primera descubierta
y que han dejado tu pudor
como tormenta apaciguada,
con la belleza que se entrega
tan solo comparable
a la belleza de entregarse;
en esas noches
donde los besos conocidos
golpean renaciéndose en los labios,
en esas noches
de miedo a la verdad y a la mentira,
de horas malditas y ligeras,
de olor que solo cobra sentido
al abrazarse, comprendemos
por qué una vida puede
desmoronarse entre caricias,
por qué este amor es la memoria
ciega que de pronto
palpa de nuevo para recordar.

Esa frase que no es más que una frase,
ya se sabe, la de siempre,
tan vulgar de tan repetida,
tan repetida de tan necesaria,
tan necesaria de tan perseguida,
no es más que una frase
que aflora en cualquier rincón seco,
en cualquier paseo sin norte
o en cualquier callejón sin salida,
y sin embargo,
qué singular se repite,
qué única parece,
con todo,
y a pesar de todo,
como la mejor traducción
de lo que dentro alienta,
o bulle, o grita.

¿Qué nos diría esta gente
desconocida
si nos conociera?

¿Querrían escuchar la historia,
discutirían el final,
nos juzgarían graves
o seguirían con su café?

Puede que un día
deba pedir disculpas,
contar a todos la película
o hundirme en el silencio.

Sí, pero mientras tanto,
juguemos en esta ciudad
donde se puede ser aún
todo aquello que aún se ignora.

Entrar, entrar dentro de ti,
con la sed renovada
por otro día de hallazgo.

* * *

Enséñame tu piel prohibida
y que la caricia se vuelva lamento
de exiliado, hogar
de apátrida o presa
de furtivo,
o tal vez, si te encuentro,
tierra leve para el sueño.

Hoy traías contigo
la sabiduría de tu piel madura,
la aventura de un beso por saciar,
la tristeza de los tesoros ocultos,
y con todo anduvimos
el esperado trecho de la delicia
hasta el mismo andén de tu destino.

* * *

Las penas quieren huir,
otras andar, otras
mecerse,
y otras, sin razón alguna,
quedarse enredadas,
perezosas,
en la frente,
como la sospecha de
verte una vez más,
tal vez mejor que
la certeza vacía
de no volver a verte.

En el escenario sin teatro
de una calle cualquiera,
la historia sin obra de un beso
de dos personajes sin razón ni tiempo.

* * *

Y algunos caminos,
cansados de tanta indecisión,
salen, de no se sabe dónde,
a escoger nuestros pasos.

Y donde miraba, tu cuerpo,
y donde callaba, tu secreto,
y donde dormía, tu desvelo.
Y era la noche
una muda batalla
de mentira, verdad y deseo.

* * *

Me despediste en tu puerta
desnuda, y entonces
empezó el difícil
descenso
de un
monte
a ciegas.

El agua de las palmeras
rompe la arena inerte,
por mil resquicios se adentra,
besa una raíz hundida,
calma la sed de la piedra.

El agua de las palmeras
no busca la hierba breve,
ignora copas esbeltas,
no quiere puerto ni puente,
quiere tierra contra tierra.

El agua de las palmeras
no necesita hondo pozo
ni estanque que la contenga,
vive de ofrecer sus labios
a la boca que la espera.

El agua de las palmeras
es cábala sosegada
de una imposible respuesta,
sólo fluye aquí y ahora,
no hay más verbo por su senda.

Dejarse llevar
por la acera gris de la noche solitaria,
por la puerta ignota que más valdría ignorar,
por el terremoto de una caricia a destiempo,
por la frontera del barrio descubierto.

Dejarse llevar una y otra vez
sin más preguntas inútiles,
sin más deudas pendientes,
sin más dolor que el placer
que despierta y desaparece.

Dejarse llevar por la fe del tacto,
por la ilusión de los ojos,
por la turbia percusión de los oídos,
por el amargor de la dulzura esquiva
o del poso de un trago de ceniza.

Dejarse llevar
y afrontar la sentencia
a destierro u olvido
con la aventura golpeando la sangre,
con la memoria de unos labios satisfechos.

Libremente daremos ese mal paso,
libremente romperemos las reglas,
libremente caeremos en el fango,
libremente gozaremos,
o sufriremos,
o quizá simplemente pequemos,
porque el único pecado,
de la fe de tu mundo o del mío,
será la libertad.

* * *

Hoy todo invita a la alegría.
Me han invitado al robo
de una brizna de tiempo
y a gastarlo en la insensatez
de un deseo.

Tu cuerpo me envuelve esta noche
con ese inquietante calor
que siente el que ha de despertarse
a la intemperie.

* * *

No te querré tanto
por haberte encontrado
como por la continua
invitación a buscarte.

Las tres edades

Era de niño, cuando yo tenía
los juguetes perfectamente ordenados.

Era de joven, cuando yo tenía
los libros perfectamente ordenados.

Era de adulto, cuando yo tenía
la vida perfectamente ordenada.

Y ahora tu viento a borbotones
me recuerda el tiempo que he perdido
en ordenar tantas cosas tiradas.

Y recorriendo avaricioso tu cuerpo
y su gemido erizado de rosas
me di cuenta de que andar sin hora
fue la única manera de ganar al tiempo.

* * *

Tu cuerpo caliente y desconocido
abre la puerta a todas las preguntas
que no quieren hacerse, mientras deja
fuera las respuestas en vilo.

Herejía

Y la carne se hizo verbo,
y habitó entre nosotros
ocupando el verso en el papel
y la voz en el viento,
indicando el camino para salvarnos
de nuestra alma
y de nosotros mismos.

* * *

Beber cuanto mana y se me brinda,
saborear cuanto de un instante se queda,
apurar el cáliz hasta las heces
como el néctar que abre las puertas
a los verdaderos dioses de nuestra frente.

En cada cosa que destruyamos
dejaremos un vástago que crezca,
y en las ruinas de lo que no mereció ser
crecerá sin permiso esa hierba salvaje
que nadie se esforzó en cortar.

* * *

La puerta abierta,
tu casa en penumbra,
nada se oía.

(Éramos yo y el miedo).

No iré con el corazón cerrado,
que tu palabra lo abriría,
ni iré con el corazón abierto
que tu silencio cerraría.
Iré, y una vez más
tu boca será el dilema
y la respuesta.

* * *

Vi la ladera,
la caída,
el dolor,
y me arrojé
al fin, sabiendo
que cualquier herida
duele menos que
arrepentirse.

Dejaste abierta la puerta principal
y entré seguro de encontrarla,
y así llevo mucho tiempo,
en un sinfín de pasillos y puertas
donde he podido descansar,
donde he visto muchas cosas,
donde he encontrado pistas,
donde ignoro el camino de salida.

* * *

Y de repente oír tu voz
y un cuchillo que corta la carne
con una precisión
insospechada.

No levantaré más lienzo ni torre,
ni tendrán candado las puertas.
Que salga o entre quien quiera,
que mire indiferente las ruinas
o medite un instante sobre ellas.
Que solo queda el insospechable
dolor de la piedra hendida
que azotará siempre el aire
o el agua olvidará con su yedra.

* * *

Tropecé dos veces en la misma piedra,
y tropezaré una tercera,
mientras esa piedra sea
la más bella ruina
que encuentre en mi camino.

Unidos cuerpo con cuerpo
los versos bajan a ser
la prosa más vulgar
y desvergonzada,
aunque los surcos
que la lengua recorre
sean los versos más sinceros
en su inefable desvergüenza.

* * *

Y el momento de la partida
ya no duele ni angustia,
pero deja el golpe pequeño,
persistente, impasible,
de un segundero afilado
que se lleva lejos la alegría.

Saber la trampa
y el engaño,
el dolor
y la suerte,
y caer sabiendo
que no hay verdad
que calme
o que burle,
sólo la huida
de un animal herido
esperando su caza,
mirando
en qué parte de hierba
podrá encontrar la paz.

What's in a name?

Un nombre es la nota que inicia el salmo de tu lengua,
el despertador inoportuno de los sueños olvidados,
el sentido que encajar en los sentidos que lo entienden,
la letanía de los dioses mojados en los besos,
el letrero que deslumbra a sus ojos escogidos,
la etimología mágicamente coincidente,
el garabato sin limpieza posible,
el río de susurros que ronda los recuerdos,
la escultura silábica que cincela la lengua,
la saliva que inunda la boca que lo pronuncia.
Un nombre, tú, tú y nadie más,
la secreta identidad que no se revela,
el destino de un largo viaje de estaciones sin nombre.

Quitarse estos pedacitos de ti
pegados por todas partes,
inventar una historia para explicarlos,
creer que alguien la creerá
y verse limpio de cualquier sospecha.
No hay nada como la buena imagen
y una mirada que nunca advierte
el laberinto de espejos
donde cada mirada me desmiente.

* * *

Entre tu carne más descarnada
y mi alma más desalmada
penetró el aire más desairado
en la sangre más desangrada.

Y lo que decían es cierto:
el amor todo lo vence,
hasta que se encuentra,
vete a saber dónde,
consigo mismo.

* * *

Perdido el pulso contigo
me quedó para el regreso
el calor intenso de tus manos.

No hay paz, no habrá paz
mientras gotee la memoria
en cada rincón que vivimos
con su sorda persistencia;
mientras cada piedra,
cada portal de esta calle
siga con el penetrante olor
que deja la memoria al irse,
mientras sigan manchados
de esa sangre imborrable
que tanto hirvió sin tregua.

No hay paz, no habrá paz
mientras nada pierda la vida
que dejamos respirando un día.

No te juzgo como nada.
Solo tú, llamando a mi puerta.

No te creo como nada.
Solo tú, llamando a mi puerta.

No te imagino como nada.
Solo tú, llamando a mi puerta.

No te espero como nada.
Solo tú, llamando a mi puerta.

Qué puedo hacer
si no fue la única,
si no fue lo esperado,
si nada fue como se esperaba.

Qué puedo hacer
si ni siquiera hubo suerte
de encontrar la suerte
del héroe que premia la hazaña
ni del villano que premia el error.

Qué puedo hacer
si solo había un hombre
extraviado
y un refugio en mitad del frío.

Da igual si te perdiste en algún callejón,
si volviste un día por probar suerte.
Da igual imaginarte dormida, difuminada
como en un cuadro trasnochado,
o en la urgencia del placer
que con cualquier copa se colma.
Da igual pensarte, y haberte pensado
y estarte pensando, y romper a pensarte
y saber que tu pensamiento corre
por orillas templadas y ajenas.
Da igual que seas el pasado,
si resucitas en el presente,
si te adentras en el futuro.
Da igual que te dé igual,
que me dé igual,
que dé igual al fin.
Si me hago sangre,
sales tú.

El agua en los labios
sembraba de torrentes la mañana,
brotaba sin cesar por nuestras calles,
inundó lo que nunca se saciaba.

El agua en los labios
se dormía en la tierra desbrozada,
tocaba cada brote con su lengua,
abría las corrientes olvidadas.

El agua en los labios
era lluvia en las bocas abrasadas,
la sal de nuestras áridas llanuras,
la palmera en la arena desbordada.

El agua en los labios
fue lo que cuerpo y sangre reclamaban.
Nunca pensamos qué sucedería
si algún día los labios se secaban.

El agua en los labios
tú la traías y te la llevabas,
pensando que jamás se agotaría,
pensando que valdría cualquier agua.

El agua en los labios
es agua imposible
y fue agua cercana,
y será el agua de la sed que espera,
y será el agua de la sed que atrapa.

Y el adiós que no se despide,
con sus cartas aún quemando,
con su memoria impregnada de lugares,
con sus manos que se esconden extrañas,
con su fiera que aúlla en silencio.

El adiós que no se despide
hasta que el tiempo desmemoriado
dicta su sentencia,
en la que no queda nada,
en la que ya nada importa,
ni siquiera el adiós

Último encuentro

Uno lo imaginaba distinto,
veía películas,
pensaba escenarios,
una acera lenta y nublada,
una mesa enfrentada y ajena,
un azar de magia cotidiana,
una carta que leer sin descanso,
unos ojos insoportablemente
fugaces
que se llevaran las palabras presas.
Pero fue en una muchedumbre,
agolpados, confundidos,
en la estación que tocaba,
de espaldas al secreto
de unos ojos de refilón,
de una mano apretando la cintura
tantas veces recorrida,
de un oscuro cabello sin rostro
tras una puerta rutinaria,
y un golpe seco que nadie oyó
para seguir de viaje
o de regreso
por el mismo túnel de siempre.

Y todo vuelve a la calma,
al mismo café de la mañana
y al puerto de la carga
y descarga de la vida.
Quién diría que por aquí
pasó la tormenta
que encabritó el agua,
desbarató el cielo impasible
y dejó la cosecha desterrada.

Y todas las preguntas se han quedado en una.
Si pudiera no amarte
¿lo haría?

Índice

Esta obra
se acabó de imprimir
con los auspicios de
Charo Fierro y
Antonio J. Huerga, editores

FINIS CORONAT OPUS